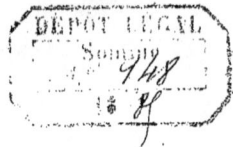

CHAMBRE DE COMMERCE

D'AMIENS.

PROJET DE LOI

PORTANT MODIFICATION

A LA

LÉGISLATION SUR LES PROTÊTS

—

RAPPORT

PRÉSENTÉ

Par M. Charles LABBÉ

PRÉSIDENT DE LA CHAMBRE,

ANCIEN PRÉSIDENT DU TRIBUNAL DE COMMERCE

Dans la Séance du 1er Juillet 1885.

AMIENS,

IMPRIMERIE TYPOGRAPHIQUE ET LITHOGRAPHIQUE T. JEUNET,

43, Rue des Capucins, 43.

—

1885.

CHAMBRE DE COMMERCE

D'AMIENS.

PROJET DE LOI

PORTANT MODIFICATION

A LA

LÉGISLATION SUR LES PROTÊTS

RAPPORT

PRÉSENTÉ

Par M. Charles LABBÉ

PRÉSIDENT DE LA CHAMBRE,

ANCIEN PRÉSIDENT DU TRIBUNAL DE COMMERCE

Dans la Séance du 1er Juillet 1885.

AMIENS,

IMPRIMERIE TYPOGRAPHIQUE ET LITHOGRAPHIQUE T. JEUNET,

45, Rue des Capucins, 45.

—

1885.

Ⓒ

PROJET DE LOI

PORTANT MODIFICATION A LA LÉGISLATION SUR LES PROTÊTS.

Extrait du procès-verbal de la séance du 1er Juillet 1885.

PRÉSIDENCE DE M. CHARLES LABBÉ.

M. Charles Labbé, Président, donne lecture du rapport suivant sur le projet de loi portant modification à la législation relative aux protêts, présenté à la Chambre des Députés le 24 Juillet 1884.

MESSIEURS,

Le 24 Juillet 1884, le Gouvernement a présenté à la Chambre des Députés un projet de loi abrogeant les articles 162, 165, 166 § 2, 167, 173, 174 et 176 du code de commerce relatifs à la législation sur les protêts et les remplaçant par des dispositions dont je vais avoir l'honneur de vous exposer l'économie.

Toute modification à une législation depuis longtemps en vigueur, doit apporter une amélioration à l'état de choses qu'elle est appelée à remplacer, sinon elle n'aurait pas de raison d'être. Il faut donc rechercher si le nouveau projet revêt ce caractère.

ARTICLE 162.

L'article 162 du code de commerce dit que le refus de paiement d'une lettre de change ou d'un billet à ordre, doit être constaté le lendemain du jour de l'échéance par un acte que l'on nomme : *Protêt faute de paiement.*

Cet article serait remplacé par le suivant :

« Le refus de paiement doit être constaté le lendemain ou, au « plus tard, le surlendemain du jour de l'échéance. »

L'innovation consiste donc à laisser au porteur d'une lettre de change, ou plutôt à l'officier ministériel, la *faculté* de ne faire le protêt que le surlendemain de l'échéance.

Le seul motif invoqué par les auteurs du projet de loi pour demander cette innovation, est la difficulté qu'éprouveraient les huissiers, à certaines échéances, de remplir dans le délai légal, les formalités exigées pour la rédaction et la notification des protêts.

Cette difficulté existe sans doute puisque les auteurs du projet l'affirment, bien que la Chambre de Commerce d'Amiens n'ait jamais eu connaissance d'aucune plainte à cet égard. Mais le moyen proposé pour remédier à cette difficulté, présenterait certainement des inconvénients beaucoup plus graves que ceux résultant de l'état de choses actuel.

Quoi qu'en dise l'exposé des motifs, autoriser les officiers ministériels à ne constater le refus de paiement que le surlendemain de l'échéance, ce serait reculer d'un jour cette échéance. Sans doute l'officier ministériel conserverait le droit de ne pas user de cette faculté et pourrait toujours faire le protêt le lendemain, mais il lui serait bien difficile, surtout dans les petites localités où il est connu des débiteurs, d'user de son droit avec rigueur et de refuser le sursis que la loi lui permettrait de consentir ; de sorte qu'en fait et dans la pratique, l'article proposé aurait pour résultat certain de proroger d'un jour l'échéance de toutes les valeurs soumises aux protêts. En peu de temps ce qui, dans les intentions des auteurs du projet de loi, ne devrait être que l'exception, deviendrait la règle et les difficultés que les officiers ministériels rencontrent actuellement pour remplir les formalités des protêts se reproduiraient comme par le passé.

La disposition proposée n'atteindrait donc pas le but qu'elle a en vue et elle n'aurait d'autre résultat, comme on l'a reproché à une disposition à peu près semblable déposée au Sénat en 1879, par M. le Garde des Sceaux : « que de donner une prime

« aux débiteurs négligents, d'inscrire dans la loi, en leur fa-
« veur, un délai de grâce et de leur faire remise d'un jour d'in-
« térêts, au préjudice du créancier et de ceux qui tiennent à
« faire honneur à leur signature à l'instant même où elle leur
« est présentée. »

Je vous propose en conséquence, Messieurs, de ne pas donner
votre approbation à l'article 162 du projet.

ARTICLE 165.

L'article 165 abrège les délais établis par la loi actuelle pour
l'exercice du recours exercé par le porteur contre son cédant, les
endosseurs ou le tireur. Il est ainsi conçu :

« Pour exercer son droit de recours soit individuellement
« contre son cédant, un autre endosseur ou le tireur, soit collec-
« tivement contre tous les endosseurs et le tireur, le porteur
« doit dénoncer le protêt, et, à défaut de remboursement, faire
« citer en justice, dans les quinze jours qui suivent la date de
« ce protêt, ceux contre lesquels il entend réserver son recours.

« Chacun des endosseurs a le droit d'exercer le même recours
« individuellement ou collectivement, dans le même délai.

« A leur égard, le délai court du lendemain de la date de la
« citation en justice ou du paiement. »

Avec la facilité actuelle des communications, il n'y a qu'à approuver cette abréviation de délai. Il serait même à désirer que
ce délai fût encore diminué. Toutefois le dernier paragraphe de
l'article 165 ne paraît pas suffisamment clair.

« A l'égard des endosseurs, dit ce paragraphe, le délai court du
« lendemain de la citation en justice ou du paiement. »

Comment doit s'entendre ce dernier terme? S'agit-il de donner
à l'endosseur qui ne paierait qu'après poursuite, jugement par
défaut, jugement définitif, c'est-à-dire après de très longs délais,
la faculté d'user encore du délai de quinzaine à partir du paiement
effectif auquel il aurait été contraint de se soumettre? Il ne semble
pas que les auteurs du projet aient eu cette intention et cependant
tel serait le résultat de la rédaction du troisième § de l'article 165;
cette rédaction doit donc être modifiée ou complétée.

ARTICLE 166 § 2.

La nouvelle rédaction du deuxième § de l'article 166 a pour but de réduire de 2 mois à 1 mois le délai de recours pour les lettres de change tirées de France et payables en Corse, en Algérie, en Tunisie, dans les Iles Britanniques, en Italie, dans le royaume des Pays-Bas et dans les États ou Confédérations limitrophes de la France.

On ne saurait trop approuver cette abréviation des délais de recours, et je pense que la Chambre ferait bien d'émettre le vœu que la même mesure fût prise à l'égard de tous les autres pays.

ARTICLE 167.

Le nouvel article 167 est ainsi conçu :

« Le porteur d'un effet protesté doit, dans les deux jours de la « connaissance qu'il a du protêt, en donner au tireur un avis « sommaire indiquant les nom et domicile du tiré, les causes du « non paiement, le montant de l'effet. »

Cet article répond à des délibérations prises par la Chambre de Commerce d'Amiens en 1868, 1875 et 1876. Dans ces délibérations la Chambre faisait ressortir l'intérêt qu'avait le négociant à être promptement avisé du non paiement d'une lettre de change tirée par lui ou d'un billet à ordre souscrit à son profit.

« Il peut arriver, disait-elle dans sa lettre du 16 Août 1876 à « M. le Ministre du Commerce, et il arrive souvent, en effet, « que le créeur d'une lettre de change ou le bénéficiaire d'un « billet à ordre, ignore pendant plusieurs mois que son débiteur « est devenu insolvable et n'a pu faire honneur à sa signature. « Le négociant, dans l'ignorance où il se trouve, a pu traiter de « nouvelles affaires avec son débiteur et aggraver ainsi sa situa- « tion, ce qu'il eût évité s'il avait été plutôt renseigné. Le « créancier a donc un très grand intérêt à connaître le protêt « aussitôt qu'il a eu lieu. »

La Chambre proposait, pour arriver à ce résultat :

« 1° D'obliger chaque huissier à mettre à la poste, par lettre « recommandée, à l'adresse du créeur d'une lettre de change « ou à celle du bénéficiaire d'un billet à ordre, une formule l'avi-

« sant que telle lettre de change qu'il a créée, ou que tel billet
« souscrit à son profit, vient d'être protesté faute de paiement ;

« 2° D'autoriser l'huissier à ajouter un franc au coût du protêt,
« pour sa rémunération et pour débours comprenant le coût de
« la formule et l'affranchissement de la lettre recommandée. »

Cette proposition, communiquée à toutes les Chambres de Commerce, reçut une adhésion presque unanime. Cependant plusieurs Chambres présentèrent, dans la forme, une objection très grave, et qui peut être résumée ainsi :

« Il serait injuste de grever tous les protêts indistinctement
« d'un surcroît de frais de 1 franc quand déjà le commerce se
« plaint, à bon droit, de la cherté des actes judiciaires. »

La Chambre de Commerce d'Amiens fit droit à cette réclamation et par une délibération du 10 novembre 1876, elle proposa d'exempter, de l'avis du protêt, toute lettre de change ou tout billet à ordre qui porterait la mention « Protêt sans avis ».

Le nouvel article 167 donne donc au vœu de la Chambre, satisfaction dans une certaine mesure ; mais cette satisfaction ne serait qu'illusoire si c'était le porteur de l'effet protesté qui devait donner avis du protêt au créeur de la lettre de change ou au bénéficiaire du billet à ordre. En effet, aucune sanction n'est prescrite à cette disposition légale, si elle n'était pas remplie et il est certain que la plupart du temps, le porteur ne voudrait ni prendre la peine, ni faire les frais d'un avis. Il est beaucoup plus logique et plus pratique de charger l'huissier de remplir cette formalité et en même temps de l'indemniser de ses frais par l'allocation de 1 franc. Je pense donc que la Chambre devra persister dans ses délibérations précédentes et émettre le vœu que je rappelle :

1° Obliger chaque huissier à mettre à la poste par lettre recommandée, à l'adresse du créeur d'une lettre de change ou à celle du bénéficiaire d'un billet à ordre ne portant pas la mention « *protêt sans avis* », une formule l'avisant que telle lettre de change qu'il a créée ou tel billet à ordre souscrit à son profit, vient d'être protesté faute de paiement.

2° Autoriser l'huissier à ajouter un franc au coût du protêt,

pour sa rémunération et pour débours comprenant le coût de la formule et l'affranchissement de la lettre recommandée.

ARTICLE 173.

Le nouvel article 173 simplifie les formalités prescrites pour les protêts. Il décide, comme l'ancien, que le protêt doit être fait par un seul et même acte.

A l'occasion de cette dernière prescription, la Chambre de Commerce de Reims a fait remarquer qu'un véritable abus s'était glissé dans la pratique : « Les officiers ministériels, a dit cette « chambre, s'inspirant tout à la fois de l'article 158 du Code de « Commerce, qui porte que l'intervention ou le paiement doivent « être constatés dans l'acte du protêt ou *à la suite de l'acte,* et « du tarif du 23 Mars 1848, qui indique des émoluments d'origi- « nal et de copie pour l'intervention, dressent deux actes distincts « qui donnent lieu, non seulement à des émoluments doubles, « mais à deux droits d'enregistrement, de telle sorte que les frais « de protêt d'une pareille valeur sont doublés. »

J'estime, Messieurs, que la Chambre de Commerce d'Amieus, à l'exemple de celle de Reims, devrait demander la cessation de cet abus par la suppression du membre de phrase de l'article 158 qui y a donné lieu ainsi que de la partie du tarif qui y a rapport.

Le protêt de perquisition prescrit par l'ancien article 177, se trouve supprimé par le nouvel article. On ne saurait trop approu- ver cette suppression qui ne permettra plus à l'avenir les frais relativement élevés auxquels donnait lieu cet acte presque tou- jours inutile.

ARTICLE 174.

Le nouvel article 174 détermine en le simplifiant, la nouvelle forme du protêt. Il décide notamment que le bulletin d'avis indi- quant le notaire ou l'huissier qui a dressé le protêt, le nom du tiré, le montant de l'effet et la date de son échéance, le nom du tireur et du porteur, sera laissé au domicile du tiré, sous enve- loppe, si celui-ci est absent ; enfin que s'il n'est trouvé personne, l'acte du protêt le constatera.

2ᵉ § DU PROJET.

Le deuxième § du projet édicte certaines dispositions réglementaires sur lesquelles il ne me paraît pas qu'il y ait d'observations à présenter sauf sur l'article 2 ainsi conçu :

« Les huissiers *d'une ville* peuvent, par décret, être autorisés « à confier, sous leur responsabilité, la rédaction des actes de « protêt et l'accomplissement des formalités prescrites par la loi « en cette matière à des clers assermentés. »

Cette mesure est excellente et ne me paraît devoir soulever qu'une seule objection. On peut se demander où finissent le village et le bourg et où commence la ville ? Puisque les autorisations ne peuvent être accordées que par décrets, il serait plus simple de ne pas établir de distinction entre les villes, les bourgs et les villages et de laisser l'administration libre de décider lorsqu'il y aurait lieu d'accorder l'autorisation sollicitée. Cette solution est d'autant plus désirable que certains bourgs et villages ont, au point de vue commercial et par conséquent au point de vue de la multiplicité des actes de protêt, beaucoup plus d'importance que certaines villes qui n'ont droit à cette dénomination que par suite du chiffre de leur population. J'estime donc qu'il y aurait lieu de supprimer de l'article 2ᵉ du deuxième § les mots : D'UNE VILLE.

En résumé, je vous propose, Messieurs, de demander les modifications suivantes au projet de loi :

I. Rejeter le nouvel article 162 ;

II. Modifier le troisième § de l'article 165 ;

III. Décider que chaque huissier sera tenu de mettre à la poste par lettre recommandée, l'adresse du créeur d'une lettre de change où à celle du bénéficiaire d'un billet à ordre ne portant pas la mention « *protêt sans avis*, » une formule l'avisant que telle lettre de change qu'il a créée ou tel billet à ordre souscrit à son profit, vient d'être protesté faute de paiement; autoriser l'huissier à ajouter 1 franc au coût du protêt pour sa rémunération et pour débours comprenant le coût de la formule et l'affranchissement de la lettre recommandée ;

IV. Supprimer de l'article 158 les mots, *ou à la suite de l'acte,* ainsi que la partie du tarif qui y a rapport ;

V. Supprimer du deuxième § du projet, les mots : *d'une ville.*

La Chambre, après en avoir délibéré, adopte ces conclusions et décide qu'elles seront envoyées avec le rapport qui le précède à MM. les Ministres de la Justice et du Commerce, aux Chambres de Commerce et aux Chambres consultatives des Arts et Manufactures.

Pour copie conforme :

Le Président,

CH. LABBÉ.

27,334. — AMIENS. — IMP. T. JEUNET.

www.ingramcontent.com/pod-product-compliance
Lightning Source LLC
Chambersburg PA
CBHW050417210326
41520CB00020B/6636